FRANCOSCOPE en clair

1

Cahier d'activités

pour **AQA**

David Sprake

Steve Harrison

Nom:_____

Classe:_____

OXFORD

Great Clarendon Street, Oxford OX2 6DP

Oxford University Press is a department of the University of Oxford. It furthers the University's objective of excellence in research, scholarship, and education by publishing worldwide in

Oxford New York

Auckland Cape Town Dar es Salaam Hong Kong Kuala Lumpur Madrid Melbourne Mexico City Nairobi New Delhi Shanghai Taipei Toronto

With offices in Argentina Austria Brazil Chile Czech Republic France Greece Guatemala Hungary Italy Japan South Korea Poland Portugal Singapore Switzerland Thailand Turkey Ukraine Vietnam

Oxford is a registered trade mark of Oxford University Press in the UK and certain other countries

10, 9, 8, 7, 6, 5

ISBN 0 19 912333 0

Acknowledgements

The authors and publisher would like to thank the following for their advice and comments on the first edition: Irene Jones, Turnford School, Cheshunt; Nick Schramm, St Joan of Arc C.S., Rickmansworth; Paul Woodroofe, Highbury Grove School, Islington.

Front cover photograph is by The Image Bank. Other photographs are by David Simson and OUP.

Illustrations are by Oxford Illustrators.

The audio recordings were produced by Marie-Thérèse Bougard at Post Sound Studios, London.

Design by Zed Design, Waterperry, Oxon

Printed by W.M. Print Ltd., Walsall

Introduction

Welcome to *Francoscope en clair pour AQA*. The two *Cahiers d'activités* follow the main course-book, *Francoscope pour AQA*, but can also be used on their own. They will provide you with plenty of practice for your examination. The *Cahiers* provide alternative listening, speaking, reading and writing tasks, and activities which may be done either instead of, or as an introduction to, material in the main course-book. As well as helping you to prepare for the listening, reading and writing assessment tasks in each examination module, you will also find help with preparation of the two *Dossiers sonsores*, and your final oral examination. Many of the activity sheets include an *aide-mémoire* box which will help you to revise some basic grammar and vocabulary.

The symbols used in the *Cahiers* are as follows:

 = pair work   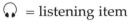 = listening item

The activities in *Francoscope en clair pour AQA* will support you in preparing for your examination, but we hope that you will also find them interesting, and sometimes amusing, in their own right.

Making a success of French requires hard work. These *Cahiers* will help you to develop your basic vocabulary and language skills, and to get the best out of your efforts. When completed, we hope that they will also be a source of pride to you.

Bon courage et bonne chance!

Rubrics

ajoute (ajoutez)	*add*
calcule (calculez)	*calculate, work out*
choisis (choisissez)	*choose*
coche (cochez) les bonnes cases	*tick the correct boxes*
complète (complétez)	*complete, fill in*
copie (copiez)	*copy*
corrige (corrigez)	*correct*
décris (décrivez)	*describe*
dessine (dessinez)	*draw*
écoute (écoutez) la cassette	*listen to the cassette*
écris (écrivez)	*write*
explique (expliquez)	*explain*
fais (faites) un sondage	*do a survey*
fais (faites)/prépare (préparez) un dialogue	*make up a dialogue*
imagine (imaginez)	*imagine*
indique (indiquez)	*indicate, show*
inscris (inscrivez) le numéro/la lettre dans la bonne case	*write the number/letter in the correct box*
lis (lisez)	*read*
mets-toi (mettez-vous) à la place de	*imagine you are, pretend to be*
mets (mettez) … dans le bon ordre	*put … in the right order*
peux-tu (pouvez-vous) identifier …?	*can you identify …?*
prends (prenez) le rôle de	*take the part of, pretend to be*
prépare (préparez)/fais (faites) un dialogue	*make up a dialogue*
regard (regardez)	*look at*
relie (reliez)	*link up*
remplace (remplacez)	*replace*
remplis (remplissez) les blancs/la grille	*fill in the blanks/ the grid*
réponds (répondez) aux questions	*answer the questions*
souligne (soulignez)	*underline*
tire (tirez) une carte au hasard	*pick a card at random*
travaille avec un/une partenaire	*work with a partner*
travaille dans un groupe de trois	*work in a group of three*
trouve (trouvez)	*find*
utilise (utilisez) un dictionnaire	*use a dictionary*
vrai ou faux?	*true or false?*

1 Puis-je me présenter?

1 🎧 Je me présente...

Écoute et coche (✔) la bonne réponse - **a**, **b** ou **c**.

Exemple: 1=*b*

1 a CHRISTEL   **b** CHRISTELLE ✔   **c** CHRISTÈLE

2 a 14   **b** 15   **c** 16

3 a le 3 mars   **b** le 3 mai   **c** le 13 mai

4 a   **b**   **c**

5 a   **b**    **c**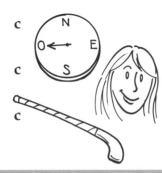

6 a   **b**   **c**

2 🎧 Comment ça s'écrit?

Écoute et inscris la bonne lettre à côté du prénom qui correspond.

CHRISTIAN ☐   CHRISTOPHE ☐   CHANTAL ☐

CHRISTELLE ☐   CATHERINE *a*   CAROLE ☐

SABINE ☐   SALMA ☐   SANJAY ☐

SANDRINE ☐   SANDRA ☐

3 🎧 Un garçon togolais

Écoute et remplis les blancs.

Je me présente. J'habite au *Togo*., en Afrique. Je suis Togolais.

Je m'appelle . . . . J'habite près de Lomé, la capitale du Togo.

J'ai . . . . ans. Mon anniversaire est le dix-huit . . . .

Mon numéro de téléphone est le 46 08 . . . . 34.

Mon passe-temps préféré est le

Je rêve de visiter la . . . .

Togo

Des renseignements sur moi 2

1 Une carte d'identité

Il y a des erreurs. Relie la bonne réponse.

Exemple:

Nom	Christophe
Prénom	Tibéri
Âge	Montpellier
Date de naissance	verts
Adresse	14 ans
Frères/sœurs	timide, intelligent
Loisirs	le foot, le basket
Cheveux	30/11/84
Yeux	roux
Taille	fils unique
Qualités	moyenne

2 ∩ Il y a erreur!

Écoute Cécile et <u>souligne</u> les erreurs.

Nom	<u>Bory</u>
Prénom	Cécile
Âge	16 ans
Date de naissance	le 23 avril
Adresse	Limoges
Frères/sœurs	une sœur
Loisirs	la gymnastique, l'équitation
Cheveux	bruns
Yeux	noisette
Taille	grande
Qualités	travailleuse, généreuse, timide

1 ③ Comment êtes-vous?

Voici quelques phrases utiles:

Ton frère, il est de quelle taille?	Il est grand Il est petit Il est de taille moyenne
Ta sœur, elle est de quelle taille?	Elle est grande Elle est petite Elle est de taille moyenne
De quelle couleur sont ses yeux?	Il a les yeux bleus/verts/gris Elle a les yeux marron/noisette/noirs
Comment sont ses cheveux?	Il a les cheveux longs et frisés Elle a les cheveux courts et raides Il a les cheveux blonds/roux Elle a les cheveux noirs/châtains/bruns
Quelles sont ses principales qualités?	Il est intelligent/généreux Elle est intelligente/généreuse
Quels sont ses défauts?	Il est paresseux/idiot Elle est paresseuse/idiote
Tu t'entends bien avec lui/avec elle?	Oui, je m'entends très bien avec lui/elle Non, je ne m'entends pas bien avec lui/elle

❶ Ma famille

Trouve une photo de ta famille. En utilisant le tableau ci-dessus,
rédige une description de ta famille.

❷ C'est moi!

Sur une feuille de papier, note les renseignements suivants sur toi-même. Donne la feuille à ton professeur. Il/Elle va choisir dix descriptions et les lire à haute voix. Il faut deviner qui a écrit chacune d'elles.

TAILLE: . . . .

COULEUR
DES CHEVEUX: . . . .

COULEUR
DES YEUX: . . . .

QUALITÉS: . . . .

DÉFAUTS: . . . .

❸ On se trompe!

Trouve et souligne les erreurs.

*Mon frère s'appelle Anne-Marie. Elle est très jeune. Elle a cinquante ans.
Son anniversaire est le trente et un février. Elle est petite et grande.
Elle a les cheveux verts et les yeux blonds. Elle est travailleuse et sympa,
mais elle est paresseuse. Je l'aime bien. Elle est très gentille et je ne
m'entends pas bien avec elle.*

On recherche... 4 **1**

1 Des hommes dangereux!

C'est qui? Regarde les dessins et lis les descriptions.
Inscris le bon nom en dessous de chaque dessin.

a

Nom: . . . .

b

Nom: . . . .

c

Nom: . . . .

d

Nom: . . . .

Il s'appelle Thomas Grincheux. Il a quarante-trois ans. Il est de taille moyenne. Il a les yeux verts et les cheveux courts. Il porte des lunettes et il a une cicatrice sur la joue gauche.

Il s'appelle Martin Marrant. Il a trente ans. Il est gros et petit. Il a les yeux verts et les cheveux longs et frisés. Ses cheveux sont blonds. Il a des boutons, un long nez et de grandes oreilles.

Il s'appelle Vincent Vaurien. Il a cinquante-deux ans. Il est de taille moyenne. Il a les yeux bleus et les cheveux roux et courts. Il a des taches de rousseur et une grande bouche.

Il s'appelle Claude Costaud. Il est petit et gros. Il a les yeux bleus. Il est chauve. Il porte des lunettes et il a une boucle d'oreille. Il est très dangereux et violent.

2 🎧 La tirelire

Écoute et dessine ces visages!

a

b

MODULE 1   Mon monde à moi   7

1

5 Dossier sonore: Toi et ta famille

1 Les questions-clés

Sais-tu répondre à ces questions?

1 Comment t'appelles-tu? . . . .

2 Quel âge as-tu? . . . .

3 Quelle est la date de ton anniversaire? . . . .

4 Quelles sont tes qualités? . . . .

5 Tu as des frères ou des sœurs? . . . .

6 Comment est ta mère? . . . .

7 Que fait ton père dans la vie? . . . .

2 Les réponses possibles

Regarde les questions ci-dessus et trouve la réponse qui correspond.

a J'ai un frère.   Exemple: `5`

b Je suis travailleuse, intelligente et généreuse. ☐

c Je m'appelle Armelle. ☐

d J'ai quinze ans et demi. ☐

e Ma mère est petite aux cheveux noirs. Elle a 37 ans. ☐

f Mon anniversaire, c'est le 23 juillet. ☐

g Il est chauffeur de taxi. ☐

3 Une réponse modèle

> Je m'appelle Jérémie. J'ai quatorze ans. Mon anniversaire est le trois avril. Je suis de taille moyenne. J'ai les cheveux noirs et les yeux marron. Je suis intelligent, sportif et drôle. Je suis fils unique. Mes parents sont divorcés. Ma mère est grande. Elle a les cheveux blonds. Elle est sympa. Elle est employée de banque.

Vrai (v) ou faux (f)?

a Jérémie a 14 ans.   Exemple: `v`

b Il est né en mars. ☐

c Il est grand. ☐

d Il a les cheveux noirs. ☐

e Il a les yeux bleus. ☐

f Il a un frère. ☐

g Sa mère est de taille moyenne. ☐

Voici quelques phrases utiles:

> J'aime jouer au foot
> Je m'intéresse à la musique
> J'adore jouer du piano
> J'aime faire de la photographie
> La lecture me plaît

1 Ce que j'aime faire

Relie les phrases suivantes:

a Je m'intéresse à la photographie.	J'ai un nouveau livre.
b J'aime bien le foot.	Mon maillot de bain est bleu.
c J'adore faire de la natation.	Je veux un ordinateur.
d La cuisine, ça me plaît beaucoup.	J'ai un appareil-photo japonais.
e J'adore la musique.	Les entrées de cinéma coûtent cher.
f J'aime la lecture.	J'ai perdu mon ballon.
g Le cinéma, c'est super.	La recette est très compliquée.
h Je m'intéresse à l'informatique.	J'achète souvent des cassettes.

2 Qui parle?

Écoute ces huit personnes qui parlent de leurs loisirs. Inscris le prénom correct en dessous de chaque dessin.

a

b

c

d

. . . .

e

f

g

Xavier

h

. . . .

Marion	Xavier	Claire	Isabelle
Laure	Philippe	Thibault	Marc

7 Les passe-temps

1 Qui parle?

a Je m'intéresse à la Formule 1 . . . . *Michael Schumacher* . . . .

b Je m'intéresse au football. . . . .

c Je m'intéresse à la cuisine. . . . .

d Je m'intéresse au cricket. . . . .

e Je m'intéresse au cinéma. . . . .

f Je m'intéresse à la mode. . . . .

g Je m'intéresse à l'athlétisme. . . . .

h Je m'intéresse à l'équitation. . . . .

i Je m'intéresse à la musique pop. . . . .

Voici les réponses possibles:

Frankie Dettori	Jamie Oliver	Gwyneth Paltrow
Denise Lewis	Stella McCartney	Michael Schumacher
Nasser Hussain	David Beckham	Ronan Keating

2 C'est qui?

Quatre jeunes parlent de leurs loisirs. Réponds aux questions ci-dessous.

J'aime bien jouer au tennis et je vais à la piscine une fois par semaine. Le week-end dernier, j'ai joué au badminton au centre sportif.

J'aime bien lire des romans de science-fiction. Mon auteur préféré est Isaac Asimov. Je vais à la bibliothèque une fois par semaine.

Jean-Marc

Catherine

J'aime sortir avec mes copains. Je vais en boîte deux fois par semaine. Je fais du théâtre et j'adore chanter.

J'adore aller au cinéma. J'aime surtout les westerns et les comédies. Je regarde aussi la télé, surtout les informations et les documentaires.

Djamel

Laure

a Qui est sportive? *Catherine* . . . .

b Qui aime les films? . . . .

c Qui aime l'art dramatique? . . . .

d Qui aime savoir ce qui se passe dans le monde? . . . .

e Qui aime la natation? . . . .

f Qui aime la lecture? . . . .

g Qui est extravertie? . . . .

Tu as un animal à la maison? 8

1 🎧 C'est quel animal?

Écoute et inscris la bonne lettre à côté de l'animal qui correspond.

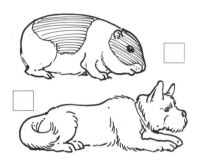

2 Que font les animaux?

Complète les phrases suivantes:

Le chien	chante.
Le chat	mange de la salade.
Le poisson	marche très lentement.
Le lapin	habite dans l'eau.
L'oiseau	miaule.
La tortue	aboie.
La souris	parle.
Le perroquet	mange du fromage.

3 Des petites annonces

1
Trouvé!
BERGER ALLEMAND
beige, tatoué

2
Trouvé!
CHAT NOIR
très mince, blessé

3
Trouvé!
PERROQUET
bleu, vert, rouge

4
Trouvé!
LAPIN BLANC
adorable

5
Trouvé!
CHAT GRIS
petit, mignon

6
Trouvé!
CANICHE NOIR
cicatrice à l'œil gauche

Ces personnes ont perdu leurs animaux. Est-ce que quelqu'un les a trouvés?
Réponds *oui* ou *non*.

a Salma a perdu son cochon d'Inde.   Exemple: *non*

b Paul a perdu un lapin blanc.   Exemple: *oui, numéro 4*

c Cathy a perdu un chat blanc.   . . . .

d Le chat noir de Marie s'est enfui après une attaque
par un gros chien.   . . . .

e Chantal a perdu son bel oiseau qui parlait beaucoup.   . . . .

f Michel a perdu deux hamsters.   . . . .

g Patricia a perdu son gros chien beige.   . . . .

h Tania a perdu un petit chien gris.   . . . .

MODULE 1   Mon monde à moi   11

1

9 Les sorties

1 Qu'est-ce qu'on fait?

Voici le programme des loisirs dans une ville française.

Samedi 18

PROMENADE
Découverte de la vieille ville. Départ devant l'office du tourisme à 10h.

CINÉ-CLUB
La Guerre et la Paix. Salle polyvalente, 21h.

CONCERT
La symphonie no. 5 de Beethoven. Abbaye de l'Epau, 21h.

Dimanche 19

BASKET-BALL
Le Mans contre Lille. La Rotonde, 11h.

CONFÉRENCE
La vie des paysans au dix-septième siècle. Musée de Tessé, 15h.

THÉÂTRE
Jules César de Shakespeare. Théâtre Municipal, 21h.

Lundi 20

DÉBAT
La littérature moderne. Bibliothèque, 9h.

DANSE
Danse folklorique par la troupe *Les Ballons Rouges.* Théâtre Municipal, 14h.

EXPOSITION
Le Monde vu du Ciel. Des photos satellite inédites. Musée de Tessé. De 9h à 17h.

Choisis une activité pour les personnes suivantes:

a Véronique aime le sport. Exemple: *basket-ball* ....
b Jean-Paul s'intéresse à l'art dramatique. ....
c Patrice aime la lecture. ....
d Fatima s'intéresse à la photographie. ....
e Carole aime danser. ....
f Natasha aime la musique classique. ....
g Marcel aime les balades à pied. ....
h Bernard s'intéresse à l'histoire. ....
i Agnès aime regarder des films. ....

2 Vrai ou faux?

Est-ce que les phrases sont vraies (*v*) ou fausses (*f*)?

a La pièce commence à 21 heures. Exemple: | v |

b Le concert classique commence à huit heures.

c On peut voir la troupe de danse au musée.

d Pour faire la promenade, on se retrouve devant l'office du tourisme.

e Le match de basket a lieu le matin.

f Le débat à la bibliothèque a lieu le soir.

Voici quelques phrases utiles:

> Je joue souvent au tennis
> Je fais de temps en temps de l'équitation
> Je ne vais jamais au cinéma

1 🎧 Ce que je fais

Écoute et remplis la grille. Camille parle de ses loisirs.

Loisir	souvent...	de temps en temps...	jamais...
Elle joue au rugby			✔
Elle joue au tennis	✔		
Elle fait de la natation			
Elle fait du ski			
Elle va au cinéma			
Elle fait de la photographie			
Elle lit			
Elle écoute de la musique			

2 🎧 Que fait Djamel?

Djamel parle de ses loisirs. Écoute et lis les phrases suivantes.
Sont-elles vraies (*v*) ou fausses (*f*)?

a Djamel est sportif — [V]

b Son sport préféré est le basket. [ ]

c Il aime la natation. [ ]

d Il aime lire. [ ]

e Il aime la musique. [ ]

f Il regarde la télé tous les jours. [ ]

g Il préfère les informations. [ ]

h Il aime aller au cinéma. [ ]

1

11 La télé

1 Ça te dit de regarder la télé?

Voici un choix d'émissions de télévision. Trouve une émission qui plairait à chacune des personnes qui donnent leur avis ci-dessous. Indique l'émission en mettant le numéro de la personne dans la bonne case.

18.05 Patinage artistique ☐ 6

20.15 Mr Bean ☐

14.35 Dallas feuilleton ☐

0.05 La Belle Équipe: film français avec Jean Gabin (1936) ☐

1.25 La nuit des clips musique ☐

13.30 Disney Parade ☐

16.35 Le Monde des Animaux 6. Le Dauphin ☐

22.55 TARATATA Variétés présentées par Alexandra Kazan ☐

20.50 Inspecteur Maigret Série policière d'après Georges Simenon ☐

16.50 Des Chiffres et des Lettres jeu ☐

20.00 E = M6 La voiture à hydrogène. L'arc-en-ciel. Percival, le robot-cheval. ☐

18.55 Le 19-20 de l'information **19.08 Journal régional** ☐

1 Moi, j'adore les émissions scientifiques!

2 Moi, j'aime les émissions drôles qui me font rire!

3 Moi, j'adore les histoires de policiers, de gangsters, etc.!

4 Moi, j'aime bien les jeux!

5 J'adore les dessins animés!

6 Je ne suis pas sportive, mais j'adore regarder le sport à la télé!

7 J'aime surtout les séries américaines!

8 J'aime les vieux films!

9 J'aime les émissions de variétés.

10 J'adore les documentaires ... surtout sur la nature!

11 J'aime la musique pop!

12 J'aime savoir ce qui se passe dans le monde... et dans ma région!

2 Et toi?

Quelles sortes d'émissions de télé aimes-tu?

Je ne manque jamais	les films/les téléfilms/les documentaires/les comédies/
Je regarde souvent	les informations/les jeux/les émissions sportives/
Je regarde rarement	les émissions de musique pop/les dessins animés/
Je ne regarde jamais	les émissions pour les jeunes/les séries (policières, etc.)/
	les feuilletons (australiens, etc.)/les débats politiques

❶ Les questions-clés

Sais-tu répondre à ces questions?

1 Tu aimes le sport? . . . .
2 Tu fais souvent du sport? . . . .
3 Tu vas souvent au cinéma? . . . .
4 Tu aimes la lecture? . . . .
5 Qui est ton chanteur/ta chanteuse préféré(e)? . . . .
6 Tu regardes souvent la télé? . . . .

❷ Les réponses possibles

Regarde les questions ci-dessus et trouve la réponse qui correspond.

a Je vais au cinéma une fois par mois. ⟨3⟩

b Je regarde la télé tous les jours. J'adore les feuilletons. ☐

c J'aime beaucoup le sport. ☐

d Un peu. Je préfère les livres de science-fiction. ☐

e Je fais du sport deux fois par semaine, du foot surtout. ☐

f J'aime bien Robbie Williams. ☐

❸ Une réponse modèle

Lis le passage suivant et coche (✔) les dessins qui correspondent au texte.

J'aime beaucoup faire de la natation. Je vais à la piscine deux fois par semaine. Je m'intéresse aussi à la photographie et à la danse moderne. Je lis souvent, je préfère les romans d'aventures. Je regarde la télé. J'aime bien les informations et les documentaires. Je vais souvent au cinéma avec mes amis. Mon acteur préféré est Gérard Depardieu. J'aime les films comiques et les films d'horreur.

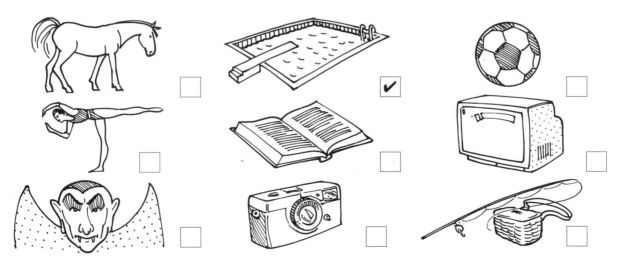

1

13 La maison

1 Chez Hamidou

Lis le texte suivant et décide quel plan représente la maison de Hamidou.

> Je m'appelle Hamidou. J'habite au Niger, en Afrique. J'habite dans une grande maison blanche. Devant la maison, il y a un grand jardin avec des arbres. Nous n'avons pas de cuisine. Nous préparons les repas à l'extérieur parce qu'il fait très chaud dans mon pays. Derrière la maison, nous gardons les animaux. Au rez-de-chaussée, à gauche, il y a le salon et, à droite, c'est la chambre de mes parents. À côté du salon, c'est le bureau de mon père et en face il y a les WC.

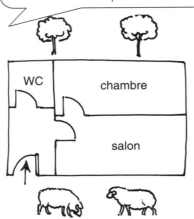
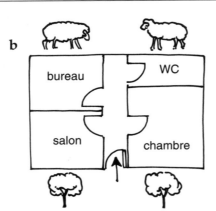
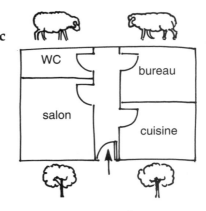

2 On s'est trompé!

Corrige les phrases suivantes:

a Papa prend une douche dans la cuisine. Exemple: *dans la salle de bains* ....
b Maman répare la voiture dans le salon. ....
c Mon frère prépare le dîner dans ma chambre. ....
d Ma sœur regarde la télé dans le garage. ....
e Ma grand-mère met la table dans le jardin. ....
f Le chat chasse les oiseaux dans la salle de bains. ....
g Et moi, je reste au lit dans la salle à manger. ....

3 🎧 Voici ma maison

Écoute et complète le plan de cette maison.

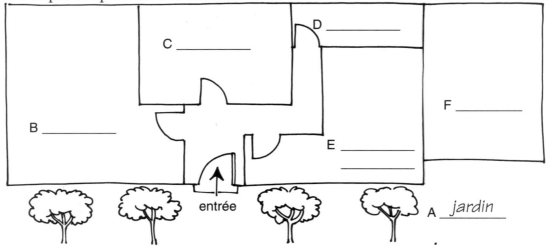

1 Le bon endroit

Tu es metteur en scène et tu cherches des endroits pour tes films.
Lis les publicités pour des maisons ou des appartements dans une agence immobilière
et choisis une maison ou un appartement pour les films suivants:

a un film d'horreur... **La Nuit des Vampires**

b un film policier... MEURTRE AU CHÂTEAU

c une comédie... *Les Copains à la Campagne*

d un film d'aventures... **Coplan à Paris**

e un film d'amour... **Un Été Méditerranéen**

1 Appartement de luxe avec balcon qui donne sur la mer. Grand salon, cuisine, salle de bains avec jacuzzi, grande chambre. Piscine en plein air. Très calme et tranquille.

Film: *Un été méditerranéen*

2 Grande maison dans un parc boisé. 12 chambres, 5 salles de bains, bibliothèque, salle de billard, grand salon, vaste salle à manger.

Film: . . . .

3 Une vieille maison à côté du cimetière. La maison a besoin de rénovation. Grand jardin, 5 chambres, grand salon, escalier, salle à manger, cuisine, grenier, grande cave. Deux tours. Idéal pour les bricoleurs.

Film: . . . .

4 Une ferme à la campagne avec verger. Trois chambres, salle de bains, cuisine moderne, salon, salle à manger. Garage dans la grange. On peut garder des animaux.

Film: . . . .

5 Appartement dans la capitale à deux pas de la Tour Eiffel. 2 chambres, cuisine équipée, salle de séjour. Jardin sur le toit avec vue magnifique.

Film: . . . .

15 # Les meubles

1 Une nouvelle maison

Tu construis une nouvelle maison. Mets les meubles et les appareils électroménagers dans la pièce qui convient. Si nécessaire, cherche les mots dans un dictionnaire.

le salon	la cuisine	la salle de bains	la chambre	la salle à manger
la télévision				

Voici les meubles et les appareils électroménagers:

un lit   une armoire   un frigo   un canapé   une commode   une douche   une table
4 chaises   un congélateur   une baignoire   un miroir   la télévision

2 🎧 Voici ma chambre

Écoute et dessine la chambre décrite!

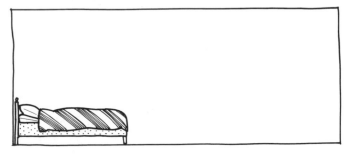

3 C'est comment, ta chambre?

Dessine ta chambre. Travaille avec un/une partenaire. Tu décris ta chambre et ton/ta partenaire doit la dessiner. Inversez les rôles. Ton/Ta partenaire décrit sa chambre et tu dois la dessiner. Pour finir, échangez vos dessins. Est-ce que cela ressemble à ta chambre?

1 Les questions-clés

Sais-tu répondre à ces questions?

1 Où habites-tu? . . . .

2 Comment est ta maison? . . . .

3 Il y a combien de chambres? . . . .

4 Quelles autres pièces y a-t-il? . . . .

5 Tu as un jardin? . . . .

6 Tu aimes habiter ici? . . . .

7 Comment est ta chambre? . . . .

2 Les réponses possibles

Regarde les questions ci-dessus et trouve la réponse qui correspond.

a Il y a trois chambres. ☐ 3

b Oui, nous avons un jardin derrière la maison. ☐

c Il y a un salon, une cuisine et une salle de bains. ☐

d J'habite dans la banlieue de Dijon. ☐

e Ma chambre est petite et confortable. ☐

f C'est une petite maison en brique. ☐

g Je n'aime pas habiter ici, c'est trop tranquille. ☐

3 Une réponse modèle

Dans ce texte, les lettres de certains mots sont mélangées. Remets-les dans le bon ordre.

J'habite dans une petite SANIOM (MAISON) en brique. C'est assez moderne. Il y a trois
BRACHEMS (. . . . .) au premier étage et une salle de NIBAS (. . . . .).
Au rez-de-chaussée, nous avons un grand NOSAL (. . . . .) et une ISENICU (. . . . .).
Derrière la maison il y a un petit DIJRAN (. . . . .). Nous avons aussi un REAGGA
(. . . . .) et une VACE (. . . . .). Ma chambre est confortable. Les murs sont ULBSE
(. . . . .). J'ai un TIL (. . . . . .), une armoire et une télé.

Voici les mots qu'il faut réécrire:

salon	chambres	lit	cuisine	garage	jardin	cave	bains	maison	bleus

17 La ville

Voici quelques phrases utiles:

À Limoges, on peut visiter le musée
À Montluçon, on peut faire des achats au marché
À Guéret, on peut aller au cinéma
À Saint Sulpice, il y a une piscine

1 🎧 **Qu'est-ce qu'on peut faire?**

Écoute et remplis la grille.

	château	piscine	marché	musée	cinéma
Exemple: **St-Bernard**		✔			✘
Felletin					
La Souterraine					
Aubusson					

2 **Trouve le bon endroit!**

Mets ces mots dans la bonne colonne. Utilise un dictionnaire si nécessaire.

un film   un salon   une raquette   le badminton   une place
un garage   un élève   un professeur   une balle   un grenier
une cantine   un jardin   des vestiaires   un écran   un guichet
une bibliothèque   une cuisine   une matière   une piscine   un billet

le centre sportif	la maison	l'école	le cinéma
le badminton	*un salon*		

1 C'est possible?

Butch arrive en ville. Qu'est-ce qu'il peut faire?

Exemples: Butch veut acheter un nouveau cheval. *Oui, c'est possible. Il y a des écuries.*
Butch voudrait voir une exposition. *Non, ce n'est pas possible. Il n'y a pas de musée.*

a Je veux réserver une chambre pour la nuit. . . . .

b J'ai soif. Je voudrais une bière. . . . .

c Je voudrais voir un film. . . . .

d Je veux prendre un train. . . . .

e Je veux faire un hold-up. . . . .

f Je voudrais faire de la natation. . . . .

g Je voudrais faire du patinage . . . .

h Je voudrais aller à la pêche. . . . .

LA OÙ J'HABITE

1

19 Trois villes françaises

Limoges

Population:	150 000 habitants
Situation:	centre de la France
Caractère:	ville administrative et universitaire
À voir:	La cathédrale, la vieille ville avec des maisons du XIIIe siècle, la gare SNCF, les usines de porcelaine.

Dijon

Population:	75 000 habitants
Situation:	est de la France
Caractère:	ville administrative et commerciale
À voir:	La cathédrale, le palais des ducs de Bourgogne, les usines de la moutarde, le centre commercial «La Toison d'or».

Capestang

Population:	10 000 habitants
Situation:	sud de la France
Caractère:	petite ville touristique avec marché
À voir:	L'église du XIVe siècle, le marché, le Canal du Midi.

1 De quelle ville s'agit-il?

Lis les informations et note la ville correcte.

a Elle se trouve dans l'est de la France. Exemple: *Dijon* ....
b Elle se trouve dans le sud de la France. ....
c Elle se trouve dans le centre de la France. ....
d La population est de 75 000 habitants. ....
e La population est de 150 000 habitants. ....
f On peut visiter les usines de porcelaine. ....
g On peut visiter les usines de moutarde. ....
h La gare est intéressante. ....
i Il n'y a pas de cathédrale. ....
j Il y a des maisons qui datent du XIIIe siècle. ....

2 Bon séjour!

Choisis une ville pour ces trois touristes:

a Mrs Smith s'intéresse à la poterie. Elle n'aime pas les très grandes villes, mais elle aime se promener dans les vieilles rues. ....
b Señor Lopez aime les villes calmes et tranquilles. Il aime faire des achats dans les petits marchés ruraux. ....
c Frau Lingner aime la cuisine française. Elle aime faire du shopping et elle ne veut pas voyager trop loin de l'Allemagne. ....

1 Les questions-clés

Sais-tu répondre à ces questions?

1 Où se trouve ta ville? . . . .

2 C'est quel genre de ville? . . . .

3 Qu'est-ce qu'on peut faire comme distractions? . . . .

4 Comment est le centre-ville? . . . .

5 Qu'est-ce qu'il y a aux environs? . . . .

6 Tu aimes habiter ici? . . . .

2 Les réponses possibles

Regarde les questions ci-dessus et trouve la réponse qui correspond.

a C'est une grande ville industrielle. `2`

b Il y a un musée, un théâtre, et un nouveau centre commercial. ☐

c Elle se trouve dans le nord-ouest de l'Angleterre. ☐

d Je n'aime pas beaucoup habiter ici. Il n'y a pas grand-chose à faire. ☐

e On peut aller au cinéma, aller en boîte ou faire du sport. ☐

f Il y a des collines et la campagne est pittoresque. ☐

3 Une réponse modèle

Lis le texte et souligne les erreurs.

Ma ville s'appelle Le Mans. C'est une grande ville industrielle dans l'ouest de la France. On peut faire de la natation à la <u>mairie</u> olympique. On peut faire du shopping dans le nouveau cinéma. On peut regarder des films au musée de l'automobile. Au centre-ville, il y a la gare où travaille le maire et la piscine où on peut prendre le train pour aller à Paris. Les touristes peuvent visiter la vieille ville et la gare qui date du 11ème siècle. Il y a aussi la célèbre course automobile «Les 24 Heures du Mans» et on peut visiter le circuit et le centre commercial où on peut voir la voiture d'Hitler!

Je suis content d'habiter ici parce qu'il y a beaucoup de choses à faire.

1

21 La routine journalière

1 🎧 Une journée comme les autres...

Écoute et écris *vrai* ou *faux* en dessous de chaque dessin.

a _____

b _____

c _____

d _____

e _____

f _____

g _____

h _____

2 Une journée typique

Complète les phrases suivantes:

a Je me lève   en autobus.
b Je me lave   à la cantine du collège.
c Je prends le petit déjeuner   à trois heures et demie.
d Je quitte la maison et je vais au collège   à onze heures du soir.
e Les cours commencent   dans la cuisine.
f À midi, je mange   dans la salle de bains.
g Les cours finissent   à neuf heures du matin.
h Le soir, je fais mes devoirs –   à sept heures et demie du matin.
i Je me couche   je déteste travailler à la maison.

3 Quel est mon métier?

a Je me lève à sept heures et je vais au travail en voiture. Je commence à neuf heures et je finis à trois heures et demie. Je rentre à la maison et je travaille le soir – je corrige des copies, etc.

. . . .

b Je me lève à cinq heures du matin et je commence le travail à six heures. Je pars à vélo. Quand il pleut, c'est moche. Je finis le travail à une heure.

. . . .

c Je commence le travail à neuf heures et je quitte le bureau à cinq heures et demie. Je rentre à la maison en autobus et je regarde la télévision. Je me couche vers onze heures.

. . . .

d Je me lève à huit heures du soir et je commence le travail à neuf heures. Je finis à six heures du matin et je prends le bus pour rentrer à la maison. Je me couche généralement vers deux heures.

. . . .

Voici les réponses possibles:

une infirmière de nuit	un prof	une secrétaire	un facteur

1 Un sondage

Fais un sondage dans la classe.

Il faut poser des questions aux élèves pour savoir:

  i quelle est la personne qui habite le plus loin du collège.
  ii quelle est la personne qui se lève le plus tôt le matin.
  iii quelle est la personne qui se couche le plus tard le soir.
  iv combien de personnes viennent au collège en autobus.

Les questions...

  i À quelle distance du collège habites-tu?
  ii À quelle heure est-ce que tu te lèves?
  iii À quelle heure est-ce que tu te couches?
  iv Comment viens-tu au collège?

Les réponses (remplis les blancs)

  i J'habite à _____ kilomètres du collège.
  ii Je me lève à _____ heures.
  iii Je me couche à _____ heures.
  iv Je viens au collège _____ _____ .

Remplis les petites grilles avec les prénoms des personnes interviewées.

i

	à moins d'un kilomètre	entre un et deux kilomètres	entre deux et trois kilomètres	entre 3 et 4 kilomètres	à plus de 4 kilomètres
Exemple:		*Laura*			

ii

entre 6h et 6h30	entre 6h30 et 7h	entre 7h et 7h30	entre 7h30 et 8h	après 8h

iii

entre 9h et 9h30	entre 9h30 et 10h	entre 10h et 10h30	entre 10h30 et 11h	après 11h

iv

à pied	en voiture	en autobus	en train	à vélo

2 Le camembert!

Utilise les résultats de ton sondage pour en faire un camembert.

1

23 Vive le week-end!

1 Ce week-end, je...

a Lis ce que ces personnes font le week-end.

A Le week-end j'aime me relaxer. Je me lève tard et je prends mon temps. Je téléphone à tous mes copains et je joue sur mon ordinateur. Je sors manger au MacDo. Je passe la soirée chez un copain ou j'invite des copains à passer la soirée chez moi à voir une vidéo. C'est chouette, le week-end!

B J'ai bientôt des examens à passer, donc le week-end, j'ai l'opportunité de réviser mes notes. Si j'ai des recherches à faire, je vais à la bibliothèque. Pour le moment, je ne sors plus avec mes copains, mais de temps en temps un copain vient me voir et on révise ensemble. C'est pas marrant en ce moment, les week-ends!

C En semaine, je travaille loin de chez moi. Je rentre en voiture le vendredi soir et c'est un énorme plaisir de pouvoir passer le week-end avec ma femme et mes deux enfants. On sort ensemble à la campagne faire des promenades, ou on va en ville faire du shopping. Malheureusement ça passe trop vite, le week-end. Le dimanche soir, c'est fini pour une autre semaine!

D Je passe la plupart de mes week-ends au centre sportif ou je fais de la musculation pour garder la forme. À part ça, je nage régulièrement. Je suis dans l'équipe junior de notre ville et certains samedis ou dimanches il y a des compétitions partout en France. J'ai gagné pas mal de certificats, de coupes et de médailles. Mes parents sont très fiers de moi!

b Qui est-ce? Identifie les personnes en mettant la bonne lettre sous chaque image.

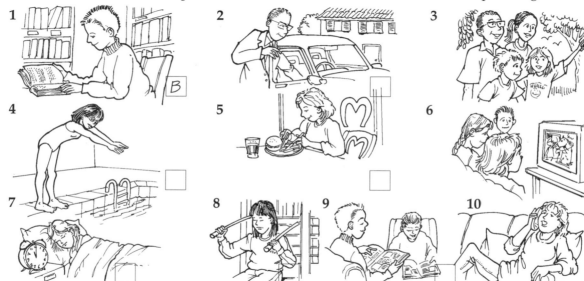

Voici quelques phrases utiles:

> J'aime bien les maths, c'est intéressant!
> Je n'aime pas le dessin, c'est nul!
> J'adore la musique, c'est super!
> Je déteste l'anglais, c'est ennuyeux!

1 Mes matières préférées

a Christine parle des matières qu'elle étudie au collège. Écoute et coche (✔) les matières qu'elle aime.

✔								

b Complète l'emploi du temps:

	LUNDI
8h30	
9h30	maths
10h30	
11h30	anglais
14h00	
15h00	
16h00	français

2 Quelle matière?

Utilise un dictionnaire si nécessaire.

a C'est une langue. La grammaire est difficile. On parle cette langue en France, bien sûr, mais aussi au Canada, en Suisse et en Belgique. *français* ....

b Pendant ce cours, on écoute des cassettes et on joue des instruments différents.

....

c Pendant ce cours, on fait des expériences dans le laboratoire. ....

d Pour cette matière, on travaille avec des ordinateurs. ....

e Pour étudier cette matière, il faut apprendre des dates. On voit comment les gens vivaient dans le passé. ....

f C'est la langue que l'on parle en Grande-Bretagne et aux États-Unis. ....

g On joue au foot, au basket ou on fait de la gymnastique. ....

25 Les bulletins scolaires

1 C'est le bulletin de qui?

Bulletin 1

Matière	Note	Appréciation
Français	16	Très bien
Mathématiques	10	Moyen
Anglais	13	Assez bien
Sciences naturelles	6	Insuffisant
Histoire-Géographie	18	Excellent
Technologie	3	Élève très faible

Bulletin 2

Matière	Note	Appréciation
Français	9	Insuffisant
Mathématiques	18	Excellent
Anglais	11	Peut mieux faire
Sciences naturelles	6	Insuffisant
Histoire-Géographie	18	Excellent
Technologie	3	Élève très faible

Bulletin 3

Matière	Note	Appréciation
Français	16	Très bien
Mathématiques	10	Moyen
Anglais	12	Satisfaisant
Sciences naturelles	6	Insuffisant
Histoire-Géographie	4	Ne fait aucun effort
Technologie	13	Bien

a Claire est forte en maths et en histoire, mais elle n'est pas très forte en français ni en anglais. Elle est nulle en sciences. Bulletin ☐

b Thibault est fort en français. Il est moyen en maths et en anglais. Il est nul en histoire et très faible en sciences. Bulletin ☐

c Jean-Paul est fort en français et en histoire. Il n'est pas très fort en maths. Il est faible en sciences et nul en technologie. Bulletin ☐

2 Sois honnête!

Écris ton bulletin scolaire. À ton avis, qu'est-ce que tes profs pensent de toi?

1 Une journée à l'école

Travaille avec un/une partenaire. Vous avez besoin d'un pion et d'un dé.

1 CASE DÉPART	**2** Tu te lèves en retard. Passe un tour	**3** Tu prends un petit déjeuner copieux. Passe un tour.	**4** Ta mère t'emmène en voiture. Va directement au collège (*case 7*).
8 Tu veux rendre un livre à la bibliothèque. Va à la case 12.	**7** ENTRÉE DU COLLÈGE	**6** Tu as oublié ton cartable. Retourne à la case départ.	**5** Tu as manqué le bus. Retourne à la case départ.
9 TOILETTES	**10** Tu as oublié tes devoirs de maths. Passe un tour.	**11** Tu veux aller aux toilettes. Retourne à la case 9.	**12** BIBLIOTHÈQUE
16 Tu reçois une mauvaise note en français. Passe deux tours!	**15** INFIRMIÈRE	**14** Tu reçois une bonne note en anglais. Joue encore une fois.	**13** Tu ne fais pas attention en classe. Passe un tour.
17 Tu parles en classe. Passe un tour.	**18** CANTINE	**19** Tu as laissé ta trousse à la bibliothèque. Retourne à la case 12.	**20** BUREAU DE LA DIRECTRICE
24 Tu aides le prof. Joue encore une fois.	**23** Tu ne comprends pas le cours. Passe un tour.	**22** Tu as faim. Retourne à la cantine (*case 18*).	**21** Bravo! Tu as fait des devoirs excellents. Joue encore une fois.
25 Tu veux aller aux toilettes. Retourne à la case 9.	**26** La directrice veut te voir. Retourne à son bureau (*case 20*).	**27** Tu as mal à la tête. Va voir l'infirmière (*case 15*).	**28** FIN

1

27 Au collège

1 Une interview

Interviewe tes camarades de classe en leur posant les questions suivantes:

> Tu as combien de frères?
> Quelle est la date de ton anniversaire?
> Ta maison a combien de chambres?
> Tu aimes faire de l'équitation?
>
> Tu te lèves à quelle heure?
> Comment vas-tu au collège?
> Tu aimes les maths?
> Tu aimes le dessin?

Trouve quelqu'un qui...

	Prénom
a deux frères	
a son anniversaire en avril	
habite une maison où il y a trois chambres	
aime faire de l'équitation	
se lève à sept heures	
va au collège en autobus	
aime les maths	
n'aime pas le dessin	

2 ∩ Mon collège

Écoute et coche (✔) la bonne réponse.

1 Dans le collège de Christophe, il y a...

a 500 élèves   b 750 élèves ✔   c 1000 élèves

2 Il y a une nouvelle...

a   b   c

3 Les cours commencent à...

a   b   c

4 Les cours finissent à...

a   b   c

5 La matière préférée de Christophe est...

a   b   c

6 Il n'aime pas...

a    b    c

MODULE 1   Mon monde à moi

1 ## Sondage: qu'est-ce que tu vas faire l'année prochaine?

Fais un sondage dans ta classe en posant les trois questions ci-dessus.
Compare les résultats avec ceux du sondage français.

1 Veux-tu rester à l'école?
– Oui, je veux continuer mes études.	75%
– Non, je ne veux pas continuer mes études.	15%
– Je ne sais pas.	10%

2 Veux-tu habiter seul(e)?
– Oui, je voudrais louer un appartement.	17%
– Non, je voudrais partager un appartement.	33%
– Non, je vais rester chez mes parents.	45%
– Je ne sais pas.	5%

3 Quelle est ta préoccupation principale?
– Les études.	55%
– L'argent.	28%
– L'amour.	11%
– L'environnement.	6%

2 ## Mes ambitions

Lis les phrases. Note le prénom correct à côté de chaque image.

1

_____Anne_____

2
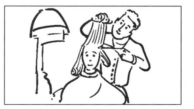

_____

3

_____

4

_____

5

_____

6

_____

> Je rêve de m'acheter une grosse moto.

Chantal

> Je voudrais travailler dans un salon de coiffure.

Philippe

> J'espère devenir médecin dans un grand hôpital parisien.

Anne

> Je vais apprendre à conduire à l'âge de 18 ans.

Xavier

> Je ne m'entends pas avec mes parents. Je vais louer mon propre appartement.

Émilie

> J'adore les animaux. Mon ambition est de devenir vétérinaire.

Georges

1 29 Dossier sonore: Ton collège

1 Les questions-clés

Sais-tu répondre à ces questions-clés?

1 Comment est ton collège? . . . .

2 Il y a combien d'élèves? . . . .

3 Tu portes un uniforme? . . . .

4 Décris une journée typique. . . . .

5 Quelle matière préfères-tu? Pourquoi? . . . .

6 Que veux-tu faire plus tard? . . . .

2 Les réponses possibles

Regarde les questions ci-dessus et trouve la réponse qui correspond.

a Non, nous n'avons pas d'uniforme.   `3`

b C'est un collège mixte pour les élèves de 11 à 16 ans.

c Les cours commencent à neuf heures et finissent à trois heures
et demie. Il y a une pause-déjeuner à midi et demi.

d Il y a mille élèves.

e J'espère trouver un emploi dans un bureau.

f J'adore le dessin, parce que c'est intéressant et utile.

3 Une réponse modèle

Copie le texte et remplace les dessins par un mot français.

Mon école s'appelle le Collège Renoir. C'est assez moderne. Il y a mille élèves. Il n'y a pas

d'uniforme. Les cours commencent à et finissent à . Au collège j'étudie le

français, l'anglais, les , l'histoire, le , la et les sciences. Ce sont les maths

que je préfère parce que c'est intéressant et que j'aime bien le professeur. Je n'aime pas l'anglais

parce que c'est . Dans le collège, il y a une cantine, une bibliothèque et une . Je

vais au collège en .

| maths   musique   dessin |
| autobus   huit heures   cinq heures |
| piscine   barbant |

À gauche? À droite? Tout droit?

1 Qu'est-ce que tu dirais, toi?

Voici des directions:

Prenez la troisième à gauche.

Prenez la troisième à droite.

Prenez la deuxième à gauche.

Prenez la deuxième à droite.

Prenez la première à gauche.

Prenez la première à droite.

Continuez tout droit.

C'est sur la gauche.

C'est sur la droite.

Qu'est-ce que tu dirais à ces six personnes pour les aider?

Pour aller au jardin public, s'il vous plaît?

Pour aller à la gare, s'il vous plaît?

Pour aller au cinéma, s'il vous plaît?

a

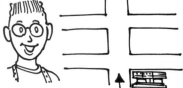
b

c

Pour aller à la banque, s'il vous plaît?

Pour aller à la mairie, s'il vous plaît?

Pour aller à l'hôpital, s'il vous plaît?

d

e

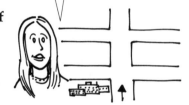
f

Exemple:
– *Pardon, monsieur. Pour aller à la gare, s'il vous plaît?*
– *Prenez la deuxième à gauche... et c'est sur la droite.*
– *Merci bien.*
– *Il n'y a pas de quoi, madame.*

MODULE 2   Vacances et voyages   33

2 Pouvez-vous m'aider?

1 🎧 Ça se trouve où?

Tu es en France et tu veux aller dans les endroits suivants:

1 Où est l'Hôtel Bellevue, s'il vous plaît?

2 Pour aller à la poste, s'il vous plaît?

3 Où est la piscine, s'il vous plaît?

4 Est-ce qu'il y a une pharmacie près d'ici?

5 Est-ce qu'il y a une banque près d'ici?

6 Où est le Syndicat d'Initiative, s'il vous plaît?

Écoute les instructions, et inscris le numéro dans la bonne case.

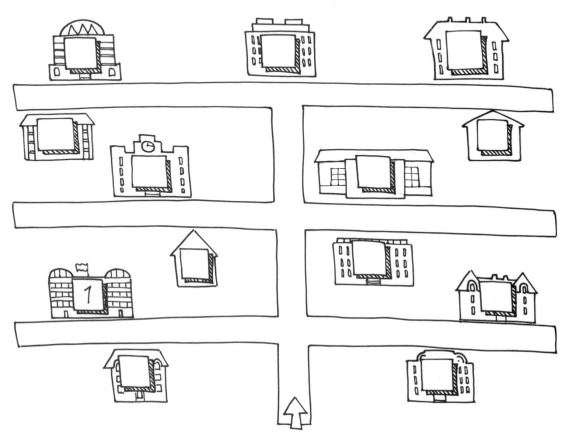

Vous comprenez? 3 2

1 Je cherche...

Travaille avec un/une partenaire.

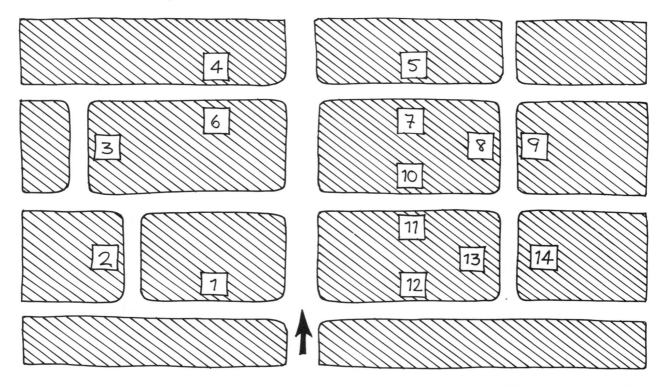

A demande des instructions pour aller à un certain endroit (voir case).
B donne des instructions pour arriver à un certain numéro sur le plan.
A doit trouver le numéro en question.
B dit si c'est le bon ou le mauvais numéro.

> la gare routière
> la piscine
> la station-service
> l'auberge de jeunesse
> la gare SNCF
> le Syndicat d'Initiative

Exemple:

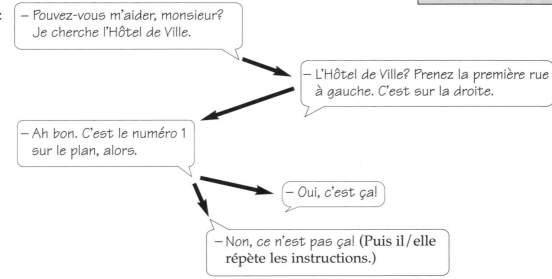

— Pouvez-vous m'aider, monsieur?
Je cherche l'Hôtel de Ville.

— L'Hôtel de Ville? Prenez la première rue à gauche. C'est sur la droite.

— Ah bon. C'est le numéro 1 sur le plan, alors.

— Oui, c'est ça!

— Non, ce n'est pas ça! (Puis il/elle répète les instructions.)

4 Prenons l'autobus?

1 🎧 C'est quelle ligne?

Écoute ces six personnes qui demandent quelle ligne il faut prendre pour la destination qui les intéresse. Inscris le bon numéro sur chaque autobus.

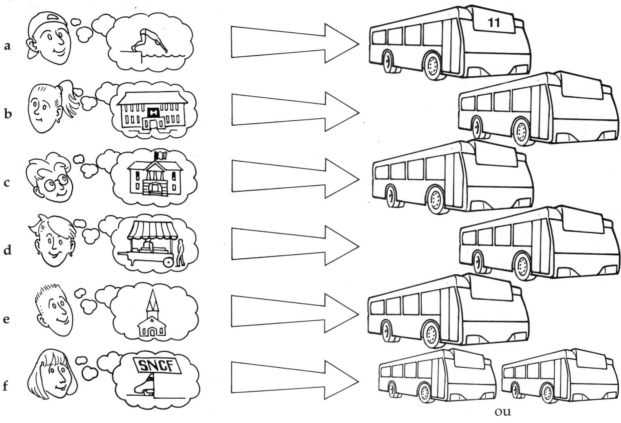

ou

2 ◢ Jeu de rôle

Travaille avec un/une partenaire. Préparez deux séries de cartes: une sur laquelle figurent dix destinations (la gare, le jardin public, etc.), et une autre sur laquelle figure un choix de numéros (13, 45, 34, etc.). Chaque partenaire tire une carte au hasard. Imaginez alors un dialogue en suivant le modèle donné ci-dessous:

Exemple: – *Pardon, monsieur/madame/mademoiselle. Pour aller au/à la/à l'..., c'est quelle ligne, s'il vous plaît?*
– *C'est la ligne numéro...*
– *Merci beaucoup.*
– *Il n'y a pas de quoi./De rien.*

❶ C'est toi l'interprète!

Voici des Britanniques qui ne comprennent pas le français. Peux-tu les aider, en leur indiquant le panneau qui correspond à chaque question?

1 Where are the loos? $\boxed{i}$
2 I wonder which way it is to the station? $\square$
3 My feet are killing me! Where's the waiting room? $\square$
4 Where do we go to get tickets? $\square$
5 I need to change some more money! $\square$
6 Which is the way to the platforms? $\square$
7 Where's the exit to the bus station? $\square$
8 There must be an underground station here! $\square$
9 Is there somewhere we can leave our cases? $\square$
10 When does our train leave? $\square$

a Consigne automatique

b SNCF

d Salle d'attente

c Sortie Gare Routière

e Bureau de Change

f SNCF Départ

g MÉTRO

h Accès aux quais

i Toilettes

j BILLETS

❷ ◢ Prenons le train!

Travaille avec un/une partenaire. Imaginez que vous voyagez en train. Prenez les rôles de
a un/une touriste **b** un/une employé(e) de la SNCF:

le/la touriste   **l'employé(e)**

Exemple:

– Je voudrais un | aller simple / aller-retour | pour... (+ destination).

– Voilà. Ça fait (+ prix).

– Le prochain train part à quelle heure, s'il vous plaît?

– À (+ heure).

– Et il arrive à quelle heure?

– À (+ heure).

– Il part de quel quai, s'il vous plaît?

– Du quai numéro (+ numéro).

– Il faut changer?/C'est direct?

– Oui, il faut changer à (+ nom de la gare).
– Non, c'est direct.
– Oui, c'est direct.
– Non, il faut changer à (+ nom de la gare).

2 **6** # En voyage!

1 🎧 **À quelle heure? De quel quai?**

Écoute les conversations. À quelle heure partent ces différents trains?
Et de quel quai? Remplis la grille.

	Départ	Quai
a	9h20	3
b		
c		
d		
e		

a Le prochain train pour Paris part à quelle heure, s'il vous plaît?... Et de quel quai?

b Le prochain train pour Lyon part à quelle heure, s'il vous plaît?... Et de quel quai?

c Le prochain train pour Marseille part à quelle heure, s'il vous plaît?... Et de quel quai?

d Le prochain train pour Nantes part à quelle heure, s'il vous plaît?... Et de quel quai?

e Le prochain train pour Bordeaux part à quelle heure, s'il vous plaît?... Et de quel quai?

2 **Comment as-tu voyagé?**

Regarde l'illustration et remplis les blancs avec les mots qui conviennent.

Voici des mots possibles:

à pied	un taxi
le métro	le Shuttle
le train	l'avion
le catamaran	le bateau

J'ai pris . . . . de chez moi à la gare. J'ai pris . . . . de Londres à Douvres.

Là, j'ai pris . . . . pour Calais. Là, j'ai pris . . . . pour Paris. À Paris, j'ai pris . . . .

à une station qui se trouve à 200 mètres de l'hôtel. Je suis allé(e) à l'hôtel . . . .

Au Syndicat d'Initiative

1 Qui demande quoi?

Ces personnes sont au Syndicat d'Initiative. Qu'est-ce qu'elles cherchent?

Alain cherche   *un dépliant sur la ville.* . . . .

Richard a besoin d' . . . .

Marika voudrait . . . .

Sylvie demande . . . .

Béatrice veut . . . .

Marc prend . . . .

> une liste d'hôtels
> une liste de restaurants
> une liste de campings
> un horaire d'autobus
> un dépliant sur la ville
> un plan de la ville

2 **8** Mes préférences

1 Comment voyager?

Fais dix phrases basées sur le modèle ci-dessous.

| J'aime voyager
Je n'aime pas voyager | en voiture
en taxi
en train
en car
par le Shuttle
en bateau
en avion | car.../parce que/qu'...
mais... | il y a beaucoup de choses à faire à bord!
cela me donne le mal de mer!
c'est souvent bondé!
on peut aller directement à sa destination!
c'est excitant!
c'est bruyant!
c'est cher!
c'est pratique!
c'est rapide!
c'est lent! |

2 🎧 Formules de vacances

a Écoute ces cinq personnes parler de leur type de vacances préféré.
Inscris le bon numéro à côté de chaque image.

b Et toi? Qu'est-ce que tu préfères?

> un séjour au bord de la mer/à la campagne/à la montagne/à la ferme, en ville, etc.
> camper/faire du caravaning/loger dans un gîte/loger dans une AJ/descendre à l'hôtel, etc.

Moi, je préfère . . . .

La météo ⁹ 2

1 ○ Quel temps va-t-il faire?

a Cette jeune fille vient d'écouter la météo. Elle raçonte le temps qu'il va faire aujourd'hui dans différentes régions de France. Dessine les symboles qui conviennent dans les cases ci-dessous:

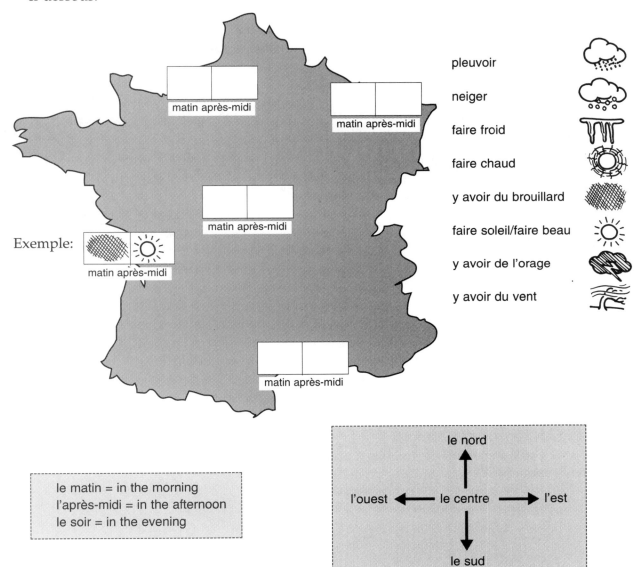

pleuvoir

neiger

faire froid

faire chaud

y avoir du brouillard

faire soleil/faire beau

y avoir de l'orage

y avoir du vent

le matin = in the morning
l'après-midi = in the afternoon
le soir = in the evening

le nord
l'ouest ← le centre → l'est
le sud

b Complète les phrases suivantes:

i Dans l' . . . . de la France, il va y avoir du. . . . . le matin, mais il va faire
. . . . l'après-midi.

ii Dans l'. . . . . . . , il va y avoir du soleil le matin, mais il va faire . . . . l'après-midi.

iii Dans le . . . . , il va faire chaud le . . . . puis il va y avoir de l'. . . . .
l'après–midi.

iv Dans le sud, il va faire . . . . et très . . . . toute la journée.

v Dans le nord, il va . . . . et il va y avoir du . . . . très fort.

2 10 Ça dépend du temps

1 On verra

Tu parles avec un copain/une copine de ce que vous allez faire demain. Complète les phrases suivantes avec les activités qui conviennent selon le temps qu'il fera:

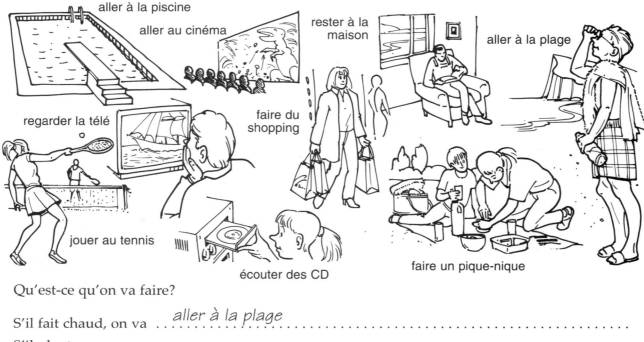

aller à la piscine

aller au cinéma

rester à la maison

aller à la plage

regarder la télé

faire du shopping

jouer au tennis

écouter des CD

faire un pique-nique

Qu'est-ce qu'on va faire?

S'il fait chaud, on va *aller à la plage* . . . .

S'il pleut, on va . . . .

S'il fait mauvais, ...

S'il fait beau, ...

2 Qu'est-ce qu'on va faire?

Travaille avec un/une partenaire. Imaginez un dialogue entre:
a un/une Britannique et
b son correspondant français/sa correspondante française.

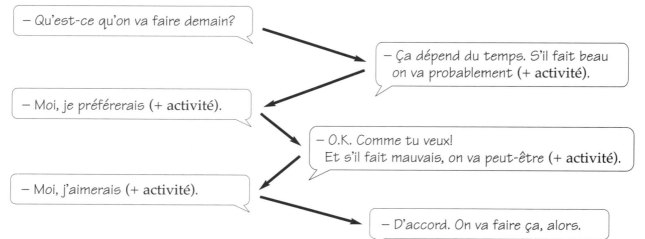

– Qu'est-ce qu'on va faire demain?

– Ça dépend du temps. S'il fait beau on va probablement (+ **activité**).

– Moi, je préférerais (+ **activité**).

– O.K. Comme tu veux! Et s'il fait mauvais, on va peut-être (+ **activité**).

– Moi, j'aimerais (+ **activité**).

– D'accord. On va faire ça, alors.

1 Une lettre aux parents

Voici la lettre que Sandrine a écrite à ses parents. Lis-la. Les phrases ci-dessous – sont-elles vraies (*v*) ou fausses (*f*)?

> Chère maman, cher papa,   Bristol, le 3 juillet
> Je suis arrivée lundi soir. Le voyage était long et ennuyeux.
> J'ai eu le mal de mer! Ma correspondante s'appelle Lucy. Elle
> est fille unique et est très égoïste. Elle n'a pas de copains.
> On ne sort pas. On reste à la maison; on fait des jeux
> électroniques sur son ordinateur ou on regarde la télé.
> C'est dommage car elle habite à la campagne et la région est
> très belle. J'aimerais bien faire des promenades ou aller en
> ville. Vous me manquez beaucoup!
> A dimanche!   Sandrine

a Sandrine est en Angleterre. ☐

b Elle est arrivée pendant le week-end. ☐

c Elle a été malade en route. ☐

d Lucy est sympa et a beaucoup d'amis. ☐

e Elles ont fait beaucoup d'excursions ensemble. ☐

f Sandrine n'aime pas la région où habite Lucy. ☐

g Elle va rentrer le week-end prochain. ☐

h Elle n'est pas très contente de son séjour. ☐

2 En vacances

Choisis une des trois images et écris une lettre en utilisant le modèle proposé.
Tu peux ajouter d'autres détails si tu veux!

Cher *Patrick/Alain*, etc. / *Chère Marie/Simone*, etc.

Je suis à *Paris/Londres/Amsterdam*. C'est
formidable/intéressant/ennuyeux. *L'AJ/Le
camping/L'hôtel* est *chouette/horrible/pas mal*. Il
pleut/fait beau/fait froid. J'ai visité *une cathédrale/un
musée/un parc d'attractions*. Maintenant, je vais
aller *à un concert/à la piscine/au lit*.

Au revoir! Amitiés, ...

a

b

c

2 12 À l'étranger

1 Des cartes postales

Voici des cartes postales envoyées de différents pays. Complète les phrases ci-dessous avec le nom de pays qui convient.

b

c

d

g

f

h

a *Je suis allé(e) en Grande-Bretagne* . . . .

b *Je suis allé(e)* . . . .

c . . . .

d . . . .

e . . . .

f . . . .

g . . . .

h . . . .

en Allemagne
en Autriche
en Belgique
en Écosse
en Espagne
en Hollande
en Irlande
en Italie
en Suisse
au pays de Galles
au Portugal
aux États-Unis
aux Pays-Bas

2 Et toi?

Es-tu déjà allé(e) dans ces pays?

Je suis allé(e) . . . .   C'était . . . .

Je suis allé(e) . . . .   C'était . . . .

Je suis allé(e) . . . .   C'était . . . .

Je suis allé(e) . . . .   C'était . . . .

Je suis allé(e) . . . .   C'était . . . .

Sensationnel! Fantastique! Formidable!	Pas mal!	Affreux! Horrible!

1 Chacun son goût!

Lis les descriptions de ces trois hôtels:

Hôtel Bristol ***

L'hôtel se trouve à la sortie de la ville dans un parc de 8 ha.

Campagne, forêts à proximité pour pique-niques/promenades. Terrasse, jardin fleuri. Ascenseur. Restaurant (petit déjeuner, déjeuner, dîner). Chambres avec téléphone, salle de bains et WC, confortables et conçues pour le repos (38 de 2 pers./10 d'1 pers.). 85–90€.

Recommandé.

Hôtel Terminus *

L'hôtel est situé en plein centre-ville. Station de métro à proximité. Quartier historique (monuments, musées, etc.).

150 chambres avec douche, WC sur le palier (30–35€). Petit déjeuner seulement (restaurant self-service en face de l'hôtel).

Hôtel Mirador

L'hôtel est situé à 200m de la plage. 90 chambres (60 de 2 pers./30 d'1 pers.) 70–79€ avec salle de bains, WC, téléphone, télévision. On sert tous les repas à l'hôtel – grande salle de restauration – menus à prix fixe ou à la carte. Terrasse, grand jardin, mini-golf, piscine privée. Salle de jeux. Bar. Recommandé.

Lequel des trois hôtels recommandes-tu aux personnes suivantes? Justifie ton choix!

Exemple: *Pour le couple de personnes âgées/la jeune touriste/la famille, je recommande... parce que/qu'...*

a

I'm looking for somewhere cheap! I'm not fussy about the hotel. I'm here for the sightseeing!

b
I want somewhere where the kids can be amused and where my wife and I can relax and have a break!

c
We just want a quiet holiday. Plenty of fresh air... and a bit of peace and quiet!

2 Mon hôtel idéal

Imagine ton hôtel idéal. Fais-en la description dans une carte postale:

L'hôtel se trouve près d'un(e)...
Il y a un(e)/des...
On peut..., etc.

Exemple:

Cher.../Chère...
Je passe des vacances superbes.
L'hôtel se trouve..., etc.

2 · 14 Comment trouves-tu l'hôtel?

1 Une lettre

Inscris les mots illustrés:

Cher Cyril / Chère Mathilde,

Notre . . . . est près de la . . . .

Nous avons deux . . . . L'une est au . . . .

l'autre est au . . . . Ce n'est pas très pratique!

Il n'y a ni . . . . ni . . . . dans

les chambres. Dans ma chambre, il y a une . . . . et un . . . .

Dans l'autre, il y a seulement un . . . .

On ne peut pas . . . . à l'hôtel, mais il y a un . . . .

en face.

Amitiés, *Luc*

2 🎧 Un coup de téléphone

Écoute cette conversation téléphonique. Une jeune fille parle de son hôtel.
Indique si les phrases suivantes sont vraies (*v*) ou fausses (*f*):

a La chambre d'hôtel est très grande. `f`

b La chambre est un peu sale.

c Il fait froid dans la chambre.

d Il y a le téléphone dans la chambre.

e La chambre est au troisième étage.

f La vue n'est pas très jolie.

g La femme du patron est désagréable.

h On ne peut pas dîner à l'hôtel.

1 🎧 Réservation par téléphone

Écoute ce répondeur automatique et inscris les numéros de téléphone
des quatre campings de la région.

Exemple:

Camping Bel-Air, Rue du Château d'Eau ☎ *03 23 36 45 52*
Camping la Métairie, Rue des Pommiers ☎ … … … … …
Camping Municipal, Route de Longvallon ☎ … … … … …
Camping Les Prés Verts, Impasse de la Bergerie ☎ … … … … …

2 Jeu

Trouve le mot mystérieux et tu vas pouvoir compléter la phrase ci-dessous.

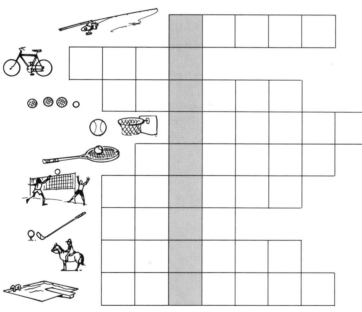

Nous n'aimons pas
ce camping car
notre tente est trop
près des . . . .

3 Une réservation à un terrain de camping

Complète cette lettre en utilisant les mots proposés.

le 10 mai

Monsieur/Madame

*Pouvez-vous nous réserver un . . . . pour deux . . . .
du 7 au 9 . . . . Nous sommes deux . . . .
et trois . . . . et nous avons une . . . . .et une . . . .*

*Je vous prie d'agréer, monsieur/madame, l'expression de mes sentiments les
meilleurs.*

nuits	enfants	emplacement	
adultes	tente	juillet	voiture

. . . .
        (signature)

16 Il y a...? On peut...?

1 Qu'est-ce qu'il y a à faire au camping?

a Copie ces 12 symboles sur une feuille de carton. Fais-en des petites cartes en découpant le long des pointillés.

b Travaille avec un/une partenaire. Prenez chacun quatre cartes au hasard et posez-vous des questions:

> Il y a un/une . . . . dans ton terrain de camping?
> On peut . . . . . . au camping?

Si tu as la carte en question, tu réponds:

> Oui, il y a un/une . . . .
> Oui, on peut . . . .

Sinon, tu réponds:

> Non, il n'y en a pas!
> Non, on ne peut pas (faire ça)!

Exemple: – *On peut louer des vélos au camping?*
– *Oui, on peut louer des vélos.*

une piscine	jouer au volley
un magasin	faire de l'équitation
une salle de jeux	aller à la pêche
un terrain de jeux	louer des vélos
un restaurant	acheter des plats à emporter
un court de tennis	changer de l'argent

1 Des panneaux, des panneaux!

Voici des panneaux. Peux-tu ajouter la légende qui correspond à l'illustration?

Les chiens ne sont pas admis!

- Location de planches à voile
- Les chiens ne sont pas admis!
- Respectez la tranquillité de vos voisins!
- Eau potable
- Promenades en bateaux
- Pêche en mer
- Aire de jeux pour enfants
- Centre équestre

2 Une lettre

Copie cette lettre en remplaçant les illustrations par les mots qui y correspondent.
Mais attention! Tu ne vas pas utiliser tous les mots!

Cher Jean,

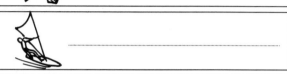

nord	bateaux	pleut	boules	beau	caravane	France	tennis
hôtel	est	vélos	piscine	moto	sud	golf	pêche	froid	ouest
rivière	terrain de camping	voiture	restaurant	Angleterre	équitation

18 # À l'auberge de jeunesse

1 Où est...?

a Regarde l'illustration et inscris le bon numéro à côté de chaque pièce:

9	le bureau de la direction
	la cuisine
	le dortoir des filles
	le dortoir des garçons
	les douches des garçons
	les douches des filles
	la laverie-buanderie
	la réception
	le réfectoire
	la salle de jeux
	la salle de séjour
	la salle de télévision
	les toilettes

b C'est vrai (*v*) ou faux (*f*)?

　i La salle de télévision est au sous-sol.

　ii Les toilettes sont au rez-de-chaussée.

　iii La salle de séjour est au premier étage.

　iv Le bureau de la direction est au deuxième étage.

au deuxième étage ➡

au premier étage ➡

au rez-de-chaussée ➡

au sous-sol ➡

c Complète les phrases suivantes:

Le réfectoire est . . . .

Le dortoir des garçons est . . . .

La laverie-buanderie est . . . .

Les douches des filles sont . . . .

1 Comprends-tu la carte?

Voici des mots importants pour comprendre une carte de restaurant.
Peux-tu identifier les illustrations?

poisson ☐

fromage ☐

glace ☐

œufs ☐

haricots ☐

pommes de terre ☐

crudités ☐

petits pains ☐

pain ☐

petits pois ☐

pommes frites ☐

potage ☐

2 🎧 Il y a erreur!

Écoute et compare les commandes avec ce que le serveur a apporté.
Il y a erreur! Dis au serveur les erreurs qu'il a faites:

a Vous avez apporté . . . .

On a commandé . . . .

b Vous avez apporté . . . .

On a commandé . . . .

c Vous avez apporté . . . .

On a commandé . . . .

d Vous avez apporté . . . .

On a commandé . . . .

20 # Vous désirez?

1 📐 **Au café**

Travaille avec un/une partenaire.

- Copiez (ou décalquez) ces dessins sur deux morceaux de carton (et coloriez-les).

- Fabriquez deux 'toupies' en insérant un petit crayon au milieu de chaque morceau de carton (voir illustration).

La personne **A** prend le rôle d'un garçon de café/une serveuse.
La personne **B** est un client/une cliente.
Servez-vous des 'toupies' pour décider de vos commandes.

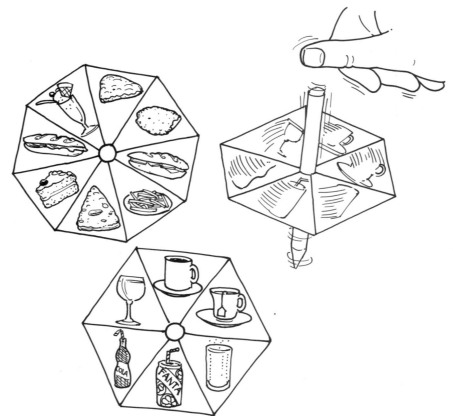

Exemple: **A** *Bonjour, monsieur/madame/mademoiselle.*
B *Bonjour.*
A *Vous désirez?/Qu'y a-t-il pour votre service?*
B *Je voudrais.../Pourriez-vous m'apporter..., s'il vous plaît?*
A *Et qu'est-ce que vous voulez manger?/Et comme boisson?*
B *Je voudrais.../Pourriez-vous m'apporter..., s'il vous plaît?*
A *(Répète la commande). Tout de suite, monsieur/madame/mademoiselle.*

Des copains difficiles!

1 Ils n'aiment pas ceci... ils n'aiment pas cela!

Regarde cette carte. Qu'est-ce que tu vas commander pour tes trois copains?
Prépare la commande par écrit.

Restaurant
Au Gros Gourmand

Menu à 15€

    Œuf mayonnaise
ou Salade de tomates
ou Crudités
ou Assiette de charcuterie
ou Soupe aux champignons

....

    Truite aux amandes
ou Foie de porc à la poêle
ou Bifteck garni (supplément de 2€)
ou Omelette au jambon
ou Moules marinière

....

    Pommes de terre (frites ou vapeur
    ou purée)

    Petits pois
ou Haricots verts
ou Épinards
ou Carottes

....

    Fromage
ou Fruits
ou Glace
ou Yaourt

Boisson comprise

Café 1,20€

Kevin

Kirsty

Tom

N'oublie pas de commander quelque chose pour toi aussi!

2

22 Que faire... et quand?

1 Je veux tout faire!

Tu fais des projets pour la semaine du 12 au 18 août.
Essaie de trouver une activité pour chaque jour!

	AUGUST
Mon. 12	
Tues. 13	
Weds. 14	
Thurs. 15	
Fri. 16	
Sat. 17	
Sun. 18	

BAL CHAMPÊTRE
samedi

MUSÉE du CIDRE
fermé le mardi

ABBAYE de Ste AGATHE
fermée au public
le dimanche

CONCERT de MUSIQUE POP
avec JONNY KRUSH
vendredi

On organise un barbecue à la plage lundi soir vers 8 heures. Tu veux venir?

RESTAURANT du MOULIN
ouvert tous les jours

MARCHÉ aux PUCES
samedi / dimanche

2 Une semaine idéale... une semaine désastreuse!

Inscris dans la grille sept activités qui te plairaient, et sept activités qui te déplairaient.

		une semaine idéale	une semaine désastreuse
Exemple:	**lundi**	*aller à la plage*	*visiter des musées*
	mardi		
	mercredi		
	jeudi		
	vendredi		
	samedi		
	dimanche		

1 🎧 Allons voir un film

Écoute le répondeur automatique. Remplis la grille avec les films
qui correspondent aux dates et aux salles.

	CINÉMA ROXY		
	Salle 1	Salle 2	Salle 3
4 – 6 août			
7 – 9 août			

Mad Max 2?
Jamais Plus Jamais?
Risque Maximum?
Le Hussard sur le Toit?
Qui veut la Peau de Roger Rabbit?
Batman?

2 Et toi?

a Qu'est-ce que tu préférerais voir / revoir, toi?

Voici quelques phrases utiles:

> Je n'ai jamais vu...
> J'ai déjà vu...
> En anglais, ça s'appelle...
> Je n'ai pas encore vu...
> J'aimerais voir.../J'aimerais revoir...

b Quelles sortes de films aimes-tu?

J'adore...	les films d'amour/les films d'aventures/
J'aime...	les films de science-fiction/les films de guerre/
Je n'aime pas...	les films d'espionnage/les films sentimentaux/
Je déteste...	les comédies/les films d'horreur/
Je ne peux pas supporter...	les comédies musicales/les dessins animés/
	les westerns/les films policiers

2 24 Un petit mot

1 J'ai laissé un message

Voici un message laissé par Alan/Lucy pour expliquer où il/elle est allé(e),
et quand il/elle va rentrer.

> Madame Renaud,
>
> Je suis allé(e) au marché.
> Je vais rentrer vers deux
> heures et demie.
>
> Alan/Lucy

Imagine les messages laissés par
ces différentes personnes.

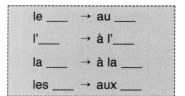

le ____	→ au ____
l'____	→ à l'____
la ____	→ à la ____
les ____	→ aux ____

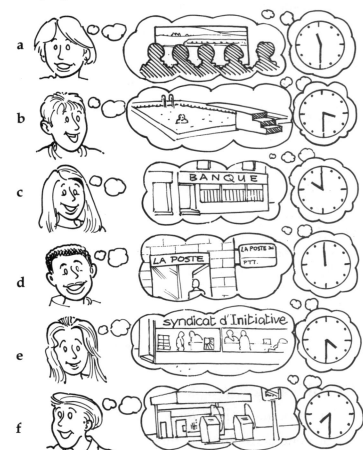

a
b
c
d
e
f

2 Quiz

Combien de vocabulaire connais-tu? Par exemple, peux-tu trouver...

a un nom de garçon en français qui commence par la lettre «Y»?
b un nom de fille en français qui commence par la lettre «J»?
c un animal domestique qui commence par la lettre «o»?
d une pièce de la maison qui commence par la lettre «c»?
e un meuble qui commence par la lettre «l»?
f un passe-temps qui commence par la lettre «é»?
g une matière scolaire qui commence par la lettre «g»?
h un magasin qui commence par la lettre «b»?
i un bâtiment qui commence par la lettre «m»?
j un légume qui commence par la lettre «h»?
k un fruit qui commence par la lettre «a»?
l une boisson qui commence par la lettre «t»?
m une couleur qui commence par la lettre «v»?
n un vêtement qui commence par la lettre «p»?
o un repas qui commence par la lettre «d»?
p une partie du corps qui commence par la lettre «j»?

Au bureau de change 25

1 🎧 Qu'est-ce qu'ils disent?

Écoute ce dialogue qui se déroule dans un bureau de change. Remplis les blancs.

– Bonjour, mademoiselle.

– Bonjour, monsieur.

– Quel est le _____ de change de la livre aujourd'hui, s'il vous plaît?

– _____ euro _____ .

– Je voudrais changer _____ livres, s'il vous plaît.

– Ça fait _____ euros.

– Est-ce qu'il y a une _____ à payer?

– Il y a un _____ de _____ euros. Donc ça fait _____

euros. Voici votre _____ .

– Merci, mademoiselle, et au revoir.

– Au revoir.

un	trois	treize	dix	commission
dix	trente	supplément	argent	taux

2 ◨ Avec ton/ta partenaire...

Travaille avec un/une partenaire. Avant de commencer, vérifiez le taux de change dans le journal et calculez (avec une calculatrice?) combien valent **a** £20 **b** £40 **c** £50 en euros.

Imaginez les trois dialogues qui correspondent aux illustrations ci-dessous.
Basez les dialogues sur le dialogue dans *l'exercice 1*.

a

b

c

26 À la poste

1 Jeu

Trouve les mots 1–5 et tu trouveras également le mot mystérieux!

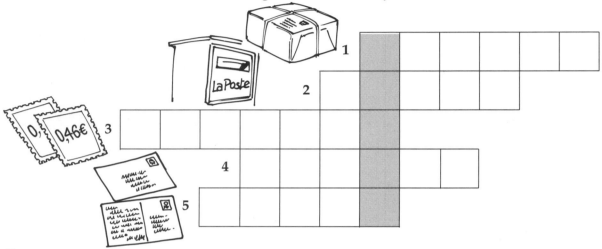

2 Dialogues à la poste

Imagine les trois dialogues:

a

b

Angleterre.

pays de Galles.

c

G.B.

– Je voudrais envoyer un(e)... au/en/aux...
C'est combien, s'il vous plaît?

– Ça fait...

– Merci beaucoup.

le pays de Galles → **au** pays de Galles
l'Angleterre → **en** Angleterre
la Grande-Bretagne → **en** Grande-Bretagne
les États-Unis → **aux** États-Unis

Des problèmes

1 Quel est le problème?

Trouve les phrases qui correspondent:

J'ai mal à la tête.	Je peux...	... du papier à lettres?
Je voudrais contacter mon correspondant.	Je peux avoir...	... un parapluie?
Je voudrais prendre un bain.	Tu as...	... du shampooing?
Il pleut.	Vous avez...	... des Kleenex?
Je voudrais écrire à mes parents.	Je peux emprunter...	... une serviette?
J'ai un rhume.		... du sparadrap?
Je voudrais aller nager.		... le radio-réveil?
J'aimerais me laver les cheveux.		... un maillot de bain?
Je dois me lever de bonne heure demain.		... une carte téléphonique?
J'ai une grosse ampoule au talon.		... de l'aspirine ou du paracétamol?

Exemple:

J'ai mal à la tête. Je peux avoir de l'aspirine ou du paracétamol?

2 🎧 Tu comprends?

Écoute ces cinq conversations. Qu'est-ce que les personnes veulent emprunter?
Inscris les numéros dans les bonnes cases.

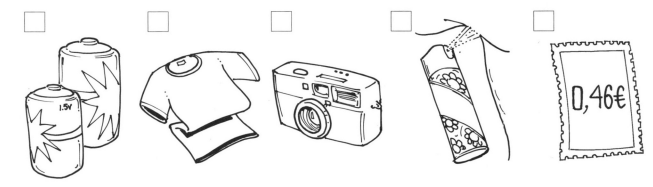

3  J'ai un problème

Travaille avec un / une partenaire. Imaginez des dialogues en utilisant les phrases
données dans l'*exercice 1*. Répondez aux questions avec des phrases telles que:
Je regrette, je n'en ai plus/il n'y en a plus./Bien sûr. Il y en a (un(e)) dans..., etc.

28 Qu'est-ce que tu as?

1 ◣ Tu es malade?

Travaille avec un/une partenaire. Copiez les phrases ci-dessous (ou les illustrations),
sur deux séries de cartes – *Problèmes* et *Remèdes*.

Je suis fatigué(e)!

J'ai mal à la tête!

Tu veux une tasse de thé?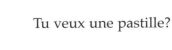

Tu veux une pastille?

J'ai mal au ventre!

Tu veux de l'aspirine?

J'ai mal à la gorge!

Tu veux prendre un bain?

Tu veux aller au lit?

J'ai de la fièvre!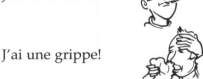

Tu veux voir un docteur?

J'ai une grippe!

Je peux téléphoner à l'hôpital, si tu veux!

Prenez les rôles:
a d'un Français/une Française **b** de son correspondant/sa correspondante.

Tirez chacun une carte au hasard et inventez un dialogue:

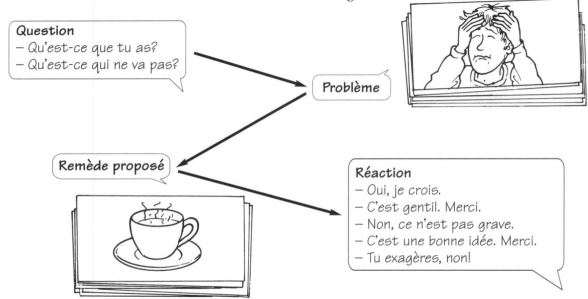

Question
– Qu'est-ce que tu as?
– Qu'est-ce qui ne va pas?

Problème

Remède proposé

Réaction
– Oui, je crois.
– C'est gentil. Merci.
– Non, ce n'est pas grave.
– C'est une bonne idée. Merci.
– Tu exagères, non!

1 Le corps humain

Peux-tu nommer ces parties du corps? Complète les mots.

Exemple: la t *ête*

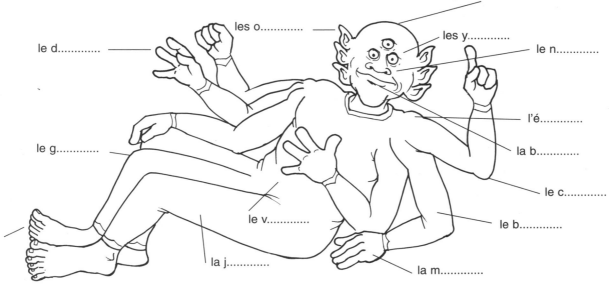

les o............

le d............

les y............

le n............

l'é............

la b............

le g............

le v............

le c............

le b............

le p............

la j............

la m............

2 Où est-ce que tu as mal?

Identifie les personnes qui parlent et complète les phrases avec les mots appropriés.

1 J'ai mangé énormément de pizza et de frites et j'ai bu quatre boîtes de limonade.

J'ai mal au . . . . [b] **a**

2 J'ai assisté à un festival de rock. La musique était très bruyante.

J'ai mal aux . . . . [ ] **b**

3 J'ai fait une promenade de dix kilomètres à la campagne.

J'ai mal aux . . . . [ ] **c**

4 J'ai porté deux grosses valises de la gare à l'hôtel. L'hôtel est très loin de la gare!

J'ai mal aux . . . . [ ] **d**

5 Je suis resté dans ma chambre toute la journée à jouer sur mon ordinateur.

J'ai mal aux . . . . [ ] **e**

6 J'ai travaillé toute la journée dans le jardin pour gagner de l'argent de poche.

J'ai mal au . . . . [ ] **f**

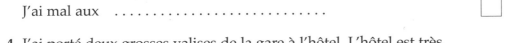

yeux	dos	ventre	pieds	oreilles	bras

30 # Des accidents

1 Pauvre de toi!

Lis ces extraits qui parlent d'accidents qui sont arrivés à ces quatre personnes:

1

Hier j'ai eu un accident à la plage. Je pêchais avec mon copain. J'ai marché sur une bouteille cassée qui était couvert de sable et je me suis coupé le pied! `b`

2

J'ai eu un accident ce matin. J'étais dans la cuisine en train d'ouvrir une boîte de conserves et je me suis coupé la main. Ça a fait très mal! ☐

3

Je jouais au foot pour l'équipe de l'école samedi après-midi. Nos adversaires ont joué très agressivement et j'ai été blessé au bras mais ce n'était pas très grave. ☐

4

Pendant le week-end on a fait un barbecue dans le jardin. J'ai voulu boire du coca mais il y avait une guêpe dans la boîte qui m'a piqué à la langue! J'ai dû aller chez le docteur! ☐

a Identifie le dessin qui correspond le mieux à chaque accident.

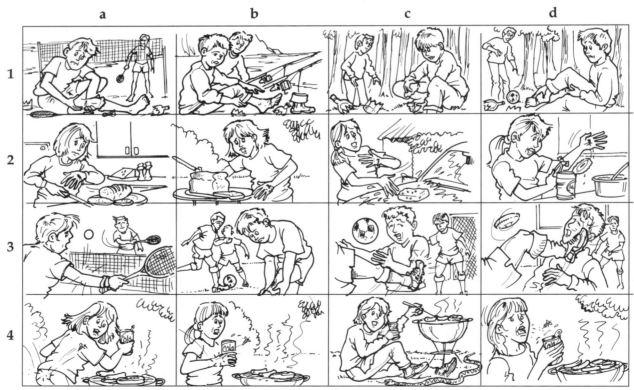

b Pour chaque accident, explique pourquoi les autres dessins sont faux!

Exemple: **1 a** *Il joue au badminton.*
  c *C'est dans une forêt.*
  d *Il joue au foot.*